AF341857

HARANGVE
PRONONCEE PAR

N. S. Pere en plein Consistoire,
& assemblee des Cardinaux, Ar-
cheuesques & Euesques y seant.

Contenant le iugement de sa saincteté, touchant la
mort de feu Henry de Valois, & de la trans-
action qu'il à faite auecques Henry
Prince de Nauarre, soy disant Roy
de France, & l'acte de Frere
Iaques Clement.

A TROYES,

Par Iean Moreau, M. Imprimeur
de la Saincte Vnion.

Auec Priuilege du Roy.

HARANGVE PRO-

noncee par N. S. Pere, en plein Consistoire & assem-
blee des Cardinaux, l'vnziesme de Septembre, 1589.

ENSANT souuét & serieusemét en moy-mesme, & me remet-tant deuant les yeux, les choses qui depuis peu de temps sont ad-uenues par la volonté de Dieu, il me semble que ie puis auec veri-té vsurper ce mot du Prophete Abacuch: *Qu'vn œuure à esté faict en vos iours, que personne ne croira quand on le racontera.* Le Roy de Fráce est mort par les mains d'vn Moine. Car à cecy se peut-il bien appliquer, quoy que le Prophe-te ait parlé proprement d'vne autre chose, à sçauoir de l'incarnation de nostre Seigneur, surpasse toutes choses merueilleuses & admi-rables, comme aussi l'Apostre S. Paul, aux a-ctes 13. rapporte les mesmes paroles, & fort à propos à la resurrection de Iesus Christ. Or quand le Prophete nomme vn œuure, il ne veut pas signifier quelque chose de vulgaire, ou ordinaire, mais vn fait rare, insigne & me-morable, comme pour le faict de la creation du monde, il est escrit. *Les œuures de tes mains sont les Cieux.* Et aillieurs. *Il s'est reposé le septiesme iour de tout œuure qu'il auoit faict.* Mais quand il dict, Faict, par ce mot est ordinairement declaré en l'escriture ce qui aduient, non par auanture ou par fortune ou accident, mais bien ce qui aduient par l'expresse volonté, prouidéce, disposition & ordonnance de Dieu. Cóme quand le Sauueur dit. *Les œuures que ie faits, les mesmes vous ferez, & en ferez de plus grandes encor.* Et autres semblables qui se trouuent souuét en l'escriture. Et quand à ce qu'il dit en téps preterit, que cest œuure a esté faict, il en vse à la maniere des autres Prophetes, qui pour la certitude de l'éuenement, predisent souuent les choses futures, cóme si ia elles estoiét passees. Car les Philosophes disent, que les choses passees sont de necessité, les choses preséntes sont en estre, & les choses futures sont de possibilité. Ainsi parlent-ils : Et pour ceste certitude le Prophete Esaye, predisant long-temps au-parauant la mort de Iesus Christ, disoit ainsi (comme mesme il est recité au ch. 8. des Actes des Apostres.) *Il à esté mené comme la brebis à la tuerie, & comme l'aigneau deuant celuy qui le tond n'à point ouuert la bouche.* Or est-il que ce dont presentement nous parlons, & qui est aduenu en ces derniers iours, est vrayement vn œuure insigne, memorable & presque incredible, & qui n'a esté perpetré sás vne particuliere prouidence & disposition de Dieu, tout bon & tout-puissant. Vn Moine à tué vn

Roy, non par peinture, ou representé en pa-
pier, mais vn Roy de Fráce, au milieu de son
armee, enuironné qu'il estoit de tous costez
de gardes & de soldats. Ce que vrayement est
tel, & fait en telle sorte, que personne desor-
mais ne le croira, quand on le racontera , &
peut estre qu'à la posterité il sera reputé
pour fable. Qu'vn Roy soit mort ou tué, cela
facilemét se peut croire, mais qu'il soit mort
de la façon, à peine est-il croyable. Comme
par exemple, que Iesus Christ soit né d'vne
féme, nous l'accordons aussi tost, mais si vous
dites en outre , qu'il est né d'vne femme qui
est demeuree vierge, àlors parlant humainement, ie ne m'y accorde pas. De mesme, que
Iesus Christ soit mort , nous le croyons aisé-
ment, mais qu'estát mort il soit resuscité à vie
(parce qu'en bóne Philosophie, il n'y a point
de retour d'vne priuation à son habitude) selon l'entendement humain, il est impossible,
& par mesme moyen incroyable. Nous ad-
uoüons bien parler humainement, qu'vn hóme soit resuscité du sómeil, de maladie, mesme de syncope ou extase, d'autant que souuét
cela se fait selon la nature : mais qu'il soit resuscité de mort à vie, cela sembloit si incredible selon la chair, que lors que S. Paul dis-
couroit deuant les Atheniens de ceste resurrection , ils luy reprochoient qu'il estoit an-
nonciateur de nouueaux Dieux, & les autres,
comme raconte S. Luc, se mocquoiét de luy.
Autres disoient. *Nous te voulons oüir de rechef sur*

ce subiect. C'est donc de telles choses, qui ne se font point coustumierement selon les loix & le cours ordinaire de la nature, que dict le Prophete, que personne ne le croira quād on le racontera: Aussi adioustons-nous foy tant seulement en consideration de la toute puissance diuine, & en assubiectissant & reduisant nostre entendement soubs l'obeissance de la foy & seruice de Iesus Christ. Car par ce moyen ce qui estoit naturellement incredible est fait credible. Partant bien que ie ne croye point humainement que Iesus Christ soit né d'vne vierge, si est-ce qu'adioustāt que cela s'est fait outre & par dessus les bornès de la nature, par l'operation du S. Esprit, alors vrayement i'y consens & le croy. En cas pareil, quād on dit, Iesus Christ est resuscité des morts, ie ne le croy pas humainement, mais quand on m'asseure que cela s'est fait par la nature diuine qui estoit en luy, alors ie le croy entierement.

Tout de mesme, iaçoit, que selon la prudēce de la chair & le iugement humain, il soit incroyable, voire du tout impossible qu'vn si grand Roy, estāt au milieu de son armee, accompagné de tant de gās-darmes. ait esté tué par vn Religieux, simple & non aguerry : Toutesfois cōsiderant d'autre-part les grāds & enormes pechez de ce Roy, & la speciale prouidence de Dieu tout puissant, en ce fait, & qu'il a accomply sa tres-iuste volonté en son endroit, par vn moyen inusité & admira-

ble,ie le crois totalement & fermement. Car
de rapporter ce faict si grand ailleurs qu'à la
particuliere prouidence de Dieu(côme nous
sommes aduertis q̃ quelques vns mal à propos le rapportent à des autres causes ordinai-
res,voire mesmes à la fortune & cas d'auātu-
re,ou à semblables euenemens & récontres
accidentaires)il n'est aucunement licite: ainsi
que peuuent facilement veoir ceux qui pré-
nēt garde de plus pres à l'ordre & au progrez
de tout le fait,auquel maintes choses sont in-
teruenues, lesquelles ne pourroient estre ex-
pediees par homme du monde, sans la con-
curréce de l'ayde speciale de Dieu.Et à vray
dire , il ne faut pas penser que ce qui touche
le faict des Royaumes,& autres affaires si ra-
res & de si grande importāce,soit administré
de Dieu inconsideremét. Il y a bien des choses semblablesen l'histoire sacree, desquelles
rien ne se peut rapporter aillieurs qu'à Dieu
qui en est l'autheur,toutesfois il n'y a rien ou
l'operation d'enhaut se face veoir plus clai-
rement qu'en ce faict dont il est question.Au
1. liu. des Machab. ch. 6. nous lisons qu'E-
leazar s'est exposé à la mort euidente,afin de
tuer le Roy persecuteur & ennemy du peuple de Dieu : Car apperceuant en la meslee
vn Elephāt plus haut que les autres, auquel
il sembloit que le Roy fut,s'estāt pris à cou-
rir hastiuemét, il se iette à trauers de la trou-
pe des ennemis,& se faisant place deça, dela,
il arriue à ceste beste, & s'estāt coulé dessouz

elle, luy fourra son espee dedans le ventre, &
icelle tombant dessus Eleazar, l'accabla & le
fit mourir. Icy nous voyons bien q̃lque chose de semblable à nostre fait, quant au zele &
roideur de courage, & quant à l'issuë du dessein & entreprise, toutesfois quant au reste, il
n'y a point de comparaison. Eleazar estoit
guerrier, duit aux armes & au combat, & au
fait mesme de la guerre, embrasé d'vne ar-
deur de courage, & comme il aduient ordinairement, furieux. Cestuy-cy estoit Moine,
non accoustumé aux guerres ny aux cõbats,
ayant le sang (selon sa profession) tellemẽt en
horreur, que parauãture n'eust-il peur veoir
le sang d'vne saignee ordinaire. Celuy-la co-
gnoissoit le genre de mort, & le lieu de sa sepulture, à sçauoir qu'estant enfermé plustost
qu'accablé soubs la cheute de ceste beste, il
seroit enseuely dedans son triomphe. Cestuy
cy ne pouuoit attendre que la mort, & des
tourmẽs les plus cruels & incogneuz, ne dou-
tant pas qu'il seroit priué de sepulture. Il y a
bien d'autres choses dissemblables. L'histoire
signalee de ceste saincte dame Iudith, est aussi biẽ cogneuë, laquelle pour deliurer sa ville
assiegee, & le peuple de Dieu, pareillement
prit resolution (Dieu sans doute l'instigant à
ce faire) de tuer Holoferne chef de l'armee
ennemie, & en vint à bout: auquel œuure, en-
core que beaucoup de tres euidentes mar-
ques d'vne conduite d'enhaut y apparoissẽt,
si est-ce que nous pouuons remarquer de biẽ

plus grands argumens de la prouidence diuine, en l'occisió de ce Roy, & en la deliurã-
ce de Paris: comme à la verité, à parler selon
les hómes, ce fait icy est beaucoup plus dif-
ficile, voire impossible. Car ceste saincte féme declara son intention à quelques Prestres
de la ville, & passa la porte & la garde à leur
presence & à leur adueu, au moyen dequoy
elle ne fut point subiette à la visite & recher-
che, laquelle en temps de siege est coustumie
rement si exacte qu'à peine vne mouche en
pourroit sortir sans estre recherchee: & parmy les ennemis, l'armee desquels il failloit
trauerser, & passer parmy tant de gardes &
scintinelles. Ceste femme ayant esté par plusieurs fois espionnee & interrogee, & n'ayãt
ny lettres ny armes d'ou on peut prédre om-
brage, & rendant d'ailleurs raison probable
de sa fuite d'auec les siens, on la laissoit aisé-
ment passer: Comme aussi tãt pour les mesmes causes, qu'à raison du sexe & de son ex-
cellente beauté, elle eut aisé acces vers vn
Prince impudique, & peut facilement exécu-
ter en la personne d'vn homme plein de vin,
ce qu'elle auoit desseigné & entrepris, voila
quant à elle. Mais ce Religieux a entrepris &
mis à chef vn faict beaucoup plus grand, accompagné de plusieurs empeschemés, de dif-
ficultez & perils si grãds, qu'il ne se pouuoit
exploiter par aucune prudéce ou astuce humaine, ny par aucun autre moyé, que par l'é-
uidente ordonnance & secours de Dieu. Il

failloit obtenir lettres de faueur de ceux qui estoient du party contraire : il failloit passer la porte de la ville, par laquelle on va à l'armee des ennemis, laquelle sans doute en ceste detresse & perplexité de siege, estoit tellemét gardee, que toutes choses estoient suspectes, Et est à presumer qu'il n'y auoit persóne qui eust liberté de sortir qu'on n'eust premieremét tres-curieusemét fouillé s'il auoit point de lettres, nouuelles, paroles de creance ou armes. Mais cestuy-cy (chose merueilleuse) passa les gardes sans estre visité, mesmes auec lettres de creance qui s'addressoient à l'ennemy, lesquelles si elles eussét esté surprises par ceux de la ville, sans delay, & sans autre forme de proces il eust perdu la vie : Et c'est vn argument bien appert de la prouidence diuine. Mais c'est bien vn plus grád miracle, que luy-mesme incontinent apres, sans estre aucunement fouillé, passa mesmement le camp des ennemis, diuers corps de garde, mesme la garde de la personne du Roy, & toute l'armee qui estoit presque toute composee d'heretiques, luy estant Religieux & en habit de son ordre, lequel estoit tellement odieux & à contre-cœur à telle maniere de gens, que és places qu'vn peu auparauant ils auoient prises par force, pres de Paris, tous les Moines, ou ils les auoient fait mourir, ou traitez tres-indignement, Iudith estoit femme, & non odieuse, toutesfois souuentesfois recherchee ne se trouua rien sur elle qui la peust mettre au hazard. Cestuy estoit Moine, & par consequent odieux & tres-suspect, & auoit sur luy vn petit cousteau appresté pour ce dessein, non pas enfermé dans la gaigne, d'où s'eust peu prendre vne honneste excuse, mais tout nud caché dedans sa manche, lequel si les ennemis eussent surpris, aussi tost ils l'eussent mené au gibet. Toutes ces choses sont marquées par trop euidentes d'vne particuliere prouidence de Dieu, pour les pouuoir nier, & ne s'est peu faire autrement que les yeux des ennemis n'ayent esté aueuglez de peur qu'ils ne le cogneussent. Car comme nous auons dict par cy deuant, bié que quelques vns attribuent follement ces choses à la fortune ou à l'aduenture, toutesfois nous ne pensons pas qu'on doiue rapporter le tout ailleurs q à la volonté de Dieu. Et à la verité, ie ne le croirois autrement, si ie ne captiuois mon intelligence soubs le seruice de Iesus Christ, lequel par ce moyen admirable resolut de deliurer la ville de Paris (que nous auons entendu auoir esté par diuerses façons en tres grad danger & detresse) & aussi punir les grands pechez de ce Roy, le faisant mourir d'vne mort si malheureuse & infame. Ce que (bien qu'à regret) veritablemet nous auons autresfois predit deuoir aduenir, à sçauoir, que comme il estoit le dernier de sa race, aussi feroit il vne estrange & honteuse fin. Et que ie l'aye dict, tesmoins en sont, non seulement les Cardinaux de Ioyeuse, de Lenoncourt & de Paris, mais auſsi ſes Ambaſſadeurs qui eſtoiét pour lors pres de nous : car nous n'appellons pas icy les morts, mais ceux qui ſont viuans à teſmoin de noz propos, deſquels tous ceux-là ſe peuuent bien ſouuenir. Et neantmoins tout ce que nous ſommes côtraints de dire maintenant contre ce miſerable Prince , nous ne voulons aucunement qu'il touche ce tres-noble Royaume de France , lequel à l'aduenir comme nous auons touſiours fait cy deuant, honorerons & cherirons à iamais de tout amour paternel. C'eſt donc de la perſonne du Roy tant ſeulement que nous auons dict ces choſes, auec regret, la fin malheureuſe le priue quant & quant des obſeques & honneurs que ceſte cheze Apoſtolique (qui eſt la bône Mere de tous les fideles, & principalemét des Princes Chreſtiens) a couſtume de rédre aux Empereurs & Rois apres leur mort, leſquels nous euſsions fait volontiers pour ceſtuy-cy n'eſtoit qu'en ce cas les Eſcritures ſainctes le deffendent. *Il y a*, dit S. Iean , *vn peché à la mort, ie ne dy pas qu'aucun prie pour luy :* ce qui ſe peut entendre, ou bien du peché meſme, côme s'il diſoit, ie ne veux pas que perſonne prie pour ce peché, ou pour la remiſsion d'iceluy , par ce qu'il n'eſt pas remiſsible : Ou bien, qui reuient à meſme ſens, ie ne dy pas qu'aucũ prie pour cet homme , qui commet le peché à la mort. De laquelle ſorte de peché noſtre Seigneur parloit en S. Mathieu, diſant que celuy qui peche contre le S. Eſprit , il ne luy ſera

point pardonné, ny en ce mõde ny en l'autre.
Auquel endroit il met trois fortes de pechez:
à fçauoir contre le Pere, contre le Fils, & cõtre le S. Efprit , & dit que les deux premiers
font moins griefs & remiffibles , mais que le
troifiefme eft irremiffible.   Toute laquelle
difference (ainfi que les Efcholes enfeignent
par les efcritures) vient de la diftinction des
attributs qui font appropriez chacun à chaf-
que perfonne de la tres faincte Trinité. Car,
iaçoit que, comme c'eft vne mefme effence de
toutes les trois perfonnes, auffi pareillement
eft-ce vne mefme puiffance, fapience & bon-
té, (comme nous l'auons appris du Symbole
de S. Athanafe, quand il dit. Que le Pere eft
Tout-puiffant, le Fils Tout-puiffant, le S. Efprit Tout-puiffant,) toutesfois par attributiõ
la puiffance eft appliquee au Pere , la fapiéce
au Fils, & l'amour au S. Efprit , chacun defquels , entant qu'on les nomme chofes attri-
buees, eft fi particulierement propre à chaf-
que perfonne qu'on ne le pourroit rapporter
à vn autre : par les contraires defquels nous
difcernons de la diftinction & la grauité des
pechez. Le cõtraire de la puiffance qu'on attribue au Pere, c'eft l'infirmité , de maniere
que la faute que nous commettons par infirmité ou imbecilité de noftre nature, eft dicte
commife contre le Pere. L'oppofite de la Sa-
pience, c'eft l'ignorance , par laquelle quand
quelqu'vn offence , on dit qu'il peche contre
le Fils : tellemét que les pechez que nous fai-

sons ou par infirmité ou par ignorance, nous sont coustumierement pluftost pardonnez. Mais quant au troifiefme que lon attribue au S. Efprit, à fçauoir l'amour, il a pour contraire l'ingratitude, vice le plus odieux du monde. D'ou viét que l'hóme ne récognoit point ny la diléctió, ny les biés-faits de Dieu, mais il les oublie, les mefprife & les a en haine: qui fait qu'à la parfin il deuient obftiné & impenitent. Et c'eft par ces moyens que lon peche beaucoup plus griefuement & dangereufement contre Dieu, que par ignorance ou infirmité: C'eft pourquoy on appelle telle forte de pechez, pechez contre le S. Efprit. Et d'autant qu'ils font pardonnez plus raremét & difficilement, & non autrement, que par vne grace plus abondante, on dict qu'ils font aucunement irremifsibles, bien que toutesfois il n'y ait que la feule impœnitence qui foit fimplement & tout à plat irremifsible: Car tout ce qui fe commet en la vie, voire mefme contre le S. Efprit, peut eftre effacé par penitence auant la mort, mais celuy qui perfeuere iufques à la fin, ne laiffe point de lieu a la mifericorde: & c'eft pour vn tel peché, ou bien pour l'homme qui peche en cefte maniere que l'Apoftre n'a pas voulu que nous fifsions priere apres la mort. Or donc pour autant qu'a noftre grand regret, nous entendons que ledit Roy eft mort fans penitence, ou non repentant, à fçauoir en la cópagnie des heretiques (car c'eft de telle ma-

niere de gens qu'il auroit composé son armee)
& qu'en l'article de la mort, il auroit baillé le
Royaume en tiltre de succession au Nauar-
rois, declaré heretique & excomunié, & que
mesme à l'extrémité & presque dernier sou-
spir de sa vie, il l'auroit requis, & semblables
autres alsistans, de prendre vengeáce de ceux
qu'il jugeoit auoir esté cause de sa mort. Pour
lesquels & semblables indices d'vne impeni-
tence, Nous auons arresté qu'il ne failloit faire prieres ny seruices pour luy : Non que de
lanous presumions chose du monde des se-
crets iugemens ou misericordes de Dieu en-
uers luy, lequel selon son bon plaisir pouuoit
mesme au partir de son ame conuertir son
cœur & luy faire misericorde : Mais nous a-
nous tenus ces propos selon qui nous est ve-
nu en cognoissance exterieurement. Plaise a
nostre tres-doux Sauueur, que les autres aduisez & faits sages par cest horrible exemple
de la Iustice de la haut, reuiennēt en la voye
de salut, & que ce qu'il a cōmencé a faire mi-
sericordieusement par ce moyen, il le pour-
suiue & paracheue benignement, cōme nous
esperons qu'il fera:afin que nous luy rēdions
graces a iamais de la deliurance de l'Eglise,
de tant de maux & si grands dangers.

Sur lequel propos ayant le S. Pere acheué son discours,
il licentia le Consistoire auec sa benediction.

LOVANGE A DIEV.

Petit Aduertissement à Monseigneur de Luxébourg, sur vne lettre enuoyee en sõ nom aux habitãs de Rheims, en datte du quatorziesme de Septembre, 1589.

PETIT

ADVERTISSEMENT

A MONSEIGNEVR DE Luxembourg, sur vne Lettre enuoyee en son nom aux habitans de Rheims, en datte du quatorziefme de Septembre, 1589.

MONSEIGNEVR,

E seruice que ie vous dois, comme l'vn de voz plus humbles & affectionnez seruiteurs, me contraint vous donner ce petit aduertissement, que ie vous supplie tres-hùblement vouloir prendre en bonne part. C'est, Monseigneur, que depuis peu de iours m'a esté apporté en ce lieu de ma residence, la coppie d'vne lettre que l'on disoit audit estre enuoyee de vostre part, aux habitans de Rheims, & de faict ces mots estoient au bas, vostre bien bon amy, François de Luxembourg. Apres l'auoir leüe & releüe en la presence d'vn bõ nombre de gens d'hõneur & de vertu, il n'y

A ij

eut celuy de la compagnie qui n'en fut grã-
dement esmerueillé & marry, chacun disant
tout hault qu'il ne pouuoit croire que propos si estrange dont estoit farcie ceste lettre,
& si alienés du vray zele de la Religion Catholique, qui doit estre en tous ceux qui en
font profession, ayent peu sortir du cœur &
de la bouche d'vn Prince si Chrestien, que
nous vous cognoissons tous : plus tost que la
lettre auroit esté dictee par quelque affiné
Politique, de la secte de ceux lesquels abu-
sans de l'authorité des Princes s'efforcét par
tous moyens intimider les Catholiques, &
fortifier le party des heretiques, estans mo-
stres de bouche & de mine, mais vrais heretiques de cœur & de fait.

Et s'il vous plaist ie vous representeray les
principaux points de ceste lettre, qui ont
scandalizé la compagnie. Premierement ils
ont trouué estrange d'y lire ces mots, *souz*
pretexte de pieté indiscretement vous auez desaduoüé
vn Roy, & vous estes soubstraits de son obeïssance :
faisant cela vous auez violé toute Religion. Car il
est certain que les habitãs de Rheims, & tous
ceux de leur party Catholique (qui laissent
tout masque & pretexte aux politiques)
poussez du zele de vraye pieté n'ont faict en
cela que pratiquer les sainctes Constitutiõs,
de l'Eglise, & obeyr au sainct siege Apostolique, comme encores ne font, & ne feront,
Dieu aidant, sçachans que quicõque n'obeit
à l'Eglise, & au Pape chef d'icelle, est indi-

A

gne du nom de Catholique.

Quand serez à Rome pres sa Sainĉteté,
ainsi que le bruit est que vous vous y ache-
minez, vous entendrez tout cecy plus am-
plement : & esperons, qu'estant mieux in-
formé de tout ce qui s'est passé iusques icy,
& passe tous les iours entre les Catholiques,
approuuerez pour vraye pieté & Chrestié-
ne sagesse, ce que maintenant lon vous faiĉt
appeller pretexte d'impieté & indiscretion :
& sçaurez que n'auons preparé les moyens
de la ruine d'vn Roy, que Dieu par vne façon horrible, & qui doit faire trembler les
plus grands, a retiré de ce monde : mais luy
mesme pour auoir par vn mauuais conseil, &
par vne cruauté plus que barbare, sans aucune forme de iustice, massacré le premier
Pair de France, l'Archeuesque consecrateur
de nos Rois, Cardinal de la sainĉte Eglise
Romaine, à la face, & au grand mespris des
Estats generaux du Royaume, & manifeste
oppression de la liberté naturelle du peuple
François : de laquelle vous Messieurs les
Princes deuriez estre protecteurs, non de la
fureur d'vn Roy mal-aduisé. Quant à ces
mots, *Faisant cela, vous auez violé toute Religion,*
ils nous ostent tout doute, que le minuteur
de la lettre ne soit vn vray Politique. D'autant qu'ainsi que les Politiques n'ont point
d'autre Dieu que Cesar : aussi pensent-ils que
toute Religion consiste à obeyr à Cesar. Et
certainement ceste belle sentence dorée, ti-

A iij

rée des Aphorismes de Machiauel, se trou-
uera veritable, quand toute Religion sera
d'obeir à Cesar : mais nous laissons telle Religion aux Anglois Puritains, & aux Politiques de France leurs freres germains. Nous
autres vrais Frãçois, & par la grace de Dieu
Catholiques, sommes autrement enseignez
en l'escole du Sauueur Iesus-Christ, qui dit,
Rendez à Cesar ce qui appartient à Cesar : & rendez
à Dieu ce qui appartient à Dieu. Et au cas que l'vn
soit contraire à l'autre, nous respondons a-
pres S. Pierre & les Apostres. *Obedire oportet*
Deo magis quàm hominibus. Tant que nõz Rois
ont esté & seront obeissans à Dieu & à son
Eglise, comme il nous le promettent en leur
Sacre, nous leur auons esté & serons obeissãs
iusques à la mort. S'ils viennent à desobeir à
l'vn ou à l'autre, & saulser leur serment, la
vraye Religion nous dispéce de leurs obeir.

Quant à ce que ce desguiseur de matiere
vient à prescher des louäges du Roy regnãt,
sans le nommer, si c'estoit de nostre bõ Roy
Charles dixiesme, qu'il entẽdist parler, nous
luy accorderions tout ce qu'il en dit, & plus
encores qu'il n'en pourroit dire : car nous le
sçauons Prince d'honneur & sans reproche,
& le recognoissons vray enfant, heritier im-
mediat, & legitime successeur de Monsieur
sainct Loüys, non seulement pour le regard
de son Royaume, mais aussi de sa pieté, de-
uotion, vertu, constance, & perpetuelle sincerité en la foy & religion Catholique, pour

laquelle il souffre constamment les angoisses
& fatigues d'vne fascheuse prison depuis
neuf mois, au grand mespris du sainct siege
Apostolique, contemnement des sainctes
Constitutions de l'Eglise, regret & scandal
de tous les Chrestiés qui sont parmy le mō-
de, au grand des-honneur de toute ceste na-
tion, & principalement des Princes & de la
Noblesse Françoise, oppression non iamais
ouye de la foy & liberté publique, crimes
que le ciel & la terre ont en horreur, & ven-
gerōt, sans doubte, tost ou tard, sur tous ceux
qui en sont coulpables & consentans, voire
& sur leurs enfans iusques à la troisiesme &
quatriesme generation. Mais si c'est du Roy
de Nauarre qu'il vueille parler, comme il est
tout manifeste, nous nous esmerueillons de
son impudence & flaterie, quand il le faict
Prince de foy, des plus perfaits & accomplis
de toutes bonnes parties qui ait iamais regné
en ceste Monarchie. Ou est donc vn Clouis
vn Dagobert, vn Charlemaigne, vn Louys
Debonnaire, vn S. Robert, vn Philippe Au-
guste, vn S. Louys, lesquels s'ils estoient encores viuans en ce monde, il est certain que
le flateur & le flaté ne subsisteroiét poīt trois
iours. Mais il va bien qu'il en excepte la Religion, ce qu'il ne pouuoit aussi nier: & ce pé-
dant il ne voit point, ou feint ne point veoir,
que ceste seule qualité defaillante, rend toutes autres perfections nulles ou du tout inu-
tiles. Il pense parer ce coup, disant qu'il n'est

point heretique, pource qu'il n'est point o-
piniastre,& qu'il s'offre d'estre instruict.

Monseigneur, il vous plaira me pardonner
si ie vous dis qu'à ces mots toute la côpagnie
rougist,& s'escria que iamais elle ne se pourroit persuader qu'vn Prince Catholique côme vous estes, voulust vser de ce lâgage. Car
ou il n'y eut iamais heretique en France, ou
le Roy de Nauarre est tel. Chacû sçait qu'il
est fils d'heretique, yssu de la premiere sour-
ce de toutes les heresies de Frâce, qu'il a esté
tousiours nourry en l'heresie, qu'il a conti-
nuellement assisté aux presches des heretiques, fait la Cene auec eux, presidé à leurs
Synodes, publiquement mesmes depuis peu
de temps protesté vouloir viure & mourir
en leur faulse doctrine, contracté tres-estroi-
te alliance auec tous les ennemis de l'Eglise,
fait tousiours la guerre à toute outrance
aux Catholiques, renuersé les Eglises, demo-
ly les Autels, abbatu les Monasteres, massacré les Prestres & les Moines, occupé mes-
chamment le sacré patrimoine du Crucifix,
encores presentement par vn nouueau sacrilege departy les Benefices aux Princes, Gê-
tils-hommes,& Capitaines de son party, tât
politiques qu'heretiques.

Bref, quel acte fit-il iamais autre que d'heretique? N'est-ce point au fruit que lon cognoit l'arbre,& aux œuures que l'ô cognoit
l'homme? Voulez-vous que nous croyons
le contraire de ce que nous voyons? Quand

vous ferez à Rome, au milieu du sainct Cõ-
siftoire oferez-vous maintenir que le Roy
de Nauarre n'est point heretique, que le S.
Siege Apoftolique il y a quatre ans a declaré tel, excommunié, & anathematizé, priué
luy & toute fa pofterité de tout honneur &
dignité, prononcé indigne de iamais cõman-
der aux Chreftiens, & par efpecial du tout
incapable de fucceder à la Courône de Frãce, auec defence à tous Chreftiés fur peine de
pareille excõmunicatiõ de luy obeyr, en qlque maniere que ce foit. Et afin, Mõfeigneur
que vous fçachez que nous vous difõs la pure verité, nous vous en enuoyons la Bulle de
noftre S. Pere. Ie croy que vous ne voudriez
pas que nous fuffions rebelles é Dieu, pour
obeyr aux hommes. Vous fçauez auffi, Mõfeigneur, & ne pouuez ignorer que les Eftats
generaux de la Frãce, n'en eurét iamais autre
opiniõ, & qu'à cefte occafion ils ont requis,
impétré & obtenu que loy fut faite irreuo-
cable & fondamentale, que nul Prince fuc-
cedaft au Royaume qui ne fuft notoirement
Catholique, & fãs aucune fufpiciõ d'herefie.
L'Edict de l'Vniõ tant de fois iuré & fi fo-
lénellement fur le S. Euãgile, & fur le corps
de noftre Seigneur par le dernier Roy, émo-
logué par toutes les Courts de Parlemẽt, publié par toutes les Prouinces, Villes, Bourgs,
& Bourgades, & iuré par toutes les Cõmu-
nautez, voire quafi par tous & chacun parti-
culier habitãt de Frãce, porte cecy par mots

exprés. Que voulez-vous donc que nous fa-
çions? Ne serions-nous pas vrayement fors
indiscrets & mal aduisez, côme ce Courtisfi
nous appelle, voire mesmes rebelles & cri-
minels de leze Majesté diuine & humaine, si
no' refusiôs d'obeyr à nostre bô Roy Charles de Bourbon que le droit des Gens, nostre
Loy Salique, la proximité du sang, la decla-
ration mesme du feu Roy émologuee en sa
Cour de Parlemêt, le cômun consentement
des Estats, & la vertu appelle à la Couronne
que par vne impieté Turquesque, ceux desquels vous suiuez le party detiennent en ca-
ptiuité, & s'efforçent le deshériter? Au reste
de se fier a des paroles, & a des pmesses contre toutes les loix diuines & humaines, quel
le raison y auroit il, principalémêt en vn fait
de Religiô, & en ce têps de perfidie que lon
prend à hôneur, selon le dire d'vn anciê Ty-
rã, de trôper les enfans par des offelets, & les
hômes par des faux sermês. La Religion est
vn trop precieux depost, pour s'en fier aux
simples paroles des hômes qui sont, dit l'Escriture sainte, mésongeres & variables, & laquelle vne fois perdue, ne se recouure point
aisémenr, & seroit alors trop tard d'appeller
ses garãds. Le plus court & le plus seur, est
d'êpescher par tous moyens qu'elle ne tôbe
en peril, & principalemêt entre les mains d'ũ
Prince notoirement heretique. Boheme &
Angleterre nous font assez entendre qu'il no
se faut fier à la pmesse d'ũ Roy infecté d'he-

refie. Il y a plus de 1400.ans que l'vn de noz
anciës Peres cognoissant les ruzes des heretî-
ques, a proferé ceste notable sentëce, *Nec diā-*
bolo bene creditur, nec heretico. Et quand au Prince
dont il est question, il ne nous a iamais dōné
aucune occasiō de nous fier à luy : car chacū
sçait cōme apres la iournee de S. Barthelemy
ayāt publiquemét abiuré son heresie, fait publique profession de la foy Catholique, en-
uoyé à Rome Ambassadeur expres, pour obtenir son absolutiō, & promettre en son nom
toute reuerëce & obeissanve au S. siege Apostolique, mesmes feit Edit public pour testi-
fier de sa cōuersiō, toutesfois assez tost aps,
cōme si ce n'estoit rié que promettre en foy
de Roy, & peu de choses iurer au nō de Dieu
reprist les arres deſa premiere heresie en laquelle il a perseueré iusques à present. Quelle asseurāce dōc & quelle cautiō nous pourroit on dōner de toutes ses pmesses? Quāt en
ce que ce finet desguiseur de matieres nous
pése faire à croire, que son Prince n'est point
opiniastre pource qu'il s'offre d'estre istruit
ie m'emerueille cōme il n'a encores adiousté
ces mots, par vn Cōcile libre & legitime, general ou national: car c'est ce q ce Prince a
tousiours en la bouche, cōme si pour l'istru-
ctiō d'vn Prince, tel qu'il soit, il falloit tra-
uailler tous les Prelats de l'Eglise vniuersel-
le, remettre en doute, & remettre en dispute
tout ce qui auroit esté meurement examiné,
cōclud & decidé par tāt d'Euesqs de la chre-

ſtiété. Or c'eſt encores vne autre amuſement
& ruſe de tous heretiques de demander des
noũueaux Cõciles pour eſtre inſtruits: mais
quand ils ſont parfaits & acheuez, ils ne s'y
veullét aucunemét ſoubmettre, s'en moquêt
& le blaſonnét eſtrãgemét. Ainſi l'ont prati-
que iadis les Arriés cõtre le Cõcile de Nicée,
les Macedoniés cõtre celuy de Cõſtãtinople,
les Neſtoriens cõtre celuy d'Epheſe, les Eu-
tychiés cõtre celuy de Calcedoine. Il y a en-
uiron quatre ou cinq cens ans que Beranger
Archediacre d'Angers, mal-ſentát de la foy,
fut ouy en cinq Cõciles, meſmes cõuaincu, à
chaque fois, & cõtraint d'abiurer ſon hereſie:
& neãtmoins pour cela il ne laiſſa de demeu-
rer touſiours opiniaſtre cõme au parauãt. Il
eſt vray q̃ quelque téps ápres par inſpiratiõ
diuine il ſe recogneut, cõme aucuns recítét.
Ceux de noſtre téps, ne voulãs en rien dége-
nérer de leurs anceſtres, en ont auſsi demãdé
vn pour eſtre inſtruits. Ils ont obtenu p̃mie-
rement vn *Interim*; puis apres quãd la cõmo-
dité s'eſt preſenteé ils ont eu vn Cõcile en la
ville de Tréte, auec toute d'aſſeũrãce, liberté
& ſaufconduit qu'ils euſſent peu deſirer, s'y
ſõt ils toutesfois voũlu trouuer? Rié moins.
Mais auſsi toſt qu'il a eſté cõclud & arreſté,
cõfirmé & publié, ils ont eſcrit cõtre des An-
tidotes, & fait voler pluſieurs liurets pleins
de cõuices & d'iniures atroces, Et ne faut pé-
ſer qu'ils en reçoiuét iamais aucũ pour libre
& legitime, ſinõ ou ils ſe verrõt les maiſtres,

delibereront & côclueront eux-mesmes ce
qu'ils voudrôt,& librement feront aduouer
tous leurs erreurs,ainsi qu'il en est aduenu en
Angleterre,en ce chãgemēt de Religiõ que
no° y voyõs. Trop mieux dõc feroit le Roy
de Nauare,à l'exéple des Princes Chrestiens
& Catholiques, se soubmettre au S. Concil
general de Trente,auquel toutes choses au-
iourd'huy reuoquees en doute par les heretiques,& necessaires à salut tãt pour la foy q̃
les mœurs,ont esté amplemēt debatues,meu
remēt examinees,& solidemēt côclues & de-
cidees par vn bõ nõbre d'Euesques,Pasteurs
& Docteurs legitimes iuges des differens de
la Religion.Et se souuenir de ceste resolutiõ
vraimēt chrestiēne,du tres-Catholique Em-
péreur Martian, apres la closture du Côcile
de Calcedoine , *Verè impius & sacrilegus est qui
post Ecclesiæ & tot sacerdotum , sententiam opinioni
suæ aliquid tractandum relinquit.* Vraiment
celuy est impie & sacrilege , lequel apres la
sentéce de l'Eglise,& tãt de Prestres, delais-
se encores q̃lque chose a traiter à sõ opiniõ.
Mais ic reuiēs à la lettre,ce bien-aduisé Se-
cretaire exhorte les habitans de Rheims à i-
miter leurs bons voisins de Chaalons qui dé-
plorét leur desastre. Ce sont belles parolles.
Nous sõmes assez informez de l'estat de ceste pauure ville voisine , & sçauons à nostre
grand regret,côme les bons Catholiques,de
toute qualité y gemissent & se lamentét souz
le ioug des Politiques y refugiez,les plus ru-

B iij

sez qui soient en tout le reste de la Fráce, que
chacun cognoit par nó & surnom. Mais icy,
Monseigneur, s'il vous plaist, nous vous fai-
sons iuge, qui estes Prince Catholique, nourry tout le temps de vostre ieunesse entre les
Ecclesiastiques, & par cósequét que ne pouuez ignorer les cóstitutions Canoniques, s'il
est raisonnable qu'vne ville Episcopale dóne
loy a sa mere Eglise, principalemét quand il
s'agit de la Religion? Dauantage si ce ne seroit pas pure folie de suiure vne ville, quoy. q
voisine, qui a pris party auec les heretiques,
pour nous distraire des plus grádes & des pl'
Catholiques du Royaume, cóme Paris mere
des autres, Rouen, Tholouse, Lion, Auignó,
Aix, Marseille, Bourges, Orleans, Dijó, Poi-
ctiers, Troyes, Amiés, Beauuais, Noyó, Sois-
sons, Laon, & infinies autres auec lesquelles
nous sómes sainctemét vnis pour la cóserua-
tió de la saincte foy de nos Peres, & à la moi-
dre desquelles Chaalósn'est à preferer, ny en
sincerité de Religió, ny en excellence, de doctrine, ne pour qlque consideratió q̃ ce soit.

Le reste de ceste digne lettre est employé
en reproches & menaces, disant ce Politique
*Que les plus courtes folies sont les meilleures. Que les ha-
bitás de Rheims ont vescu heureusemét iusques au iour
de leur rebellion, iour fatal de leurs malheurs. Qu'il est
saison ou iamais qu'ils se recognoissent : car puis apres il
ne leur sera permis se repentir. Qu'ils doiuent accepter la
grace qui leur est offerte, plus tost que souffrir toutes choses extremes qui leurs doiuent bié tost arriuer, cóme les*

pensont faire. Qu'il est-temps qu'ils ouurét les yeux, &
ne se laissent piper aux artifices de ceux qui les obligent
de forfait. Que s'ils different plus long têps leur recip-
science, ils sont à la veille de leur ruine, de leur ville, de
leurs maisons, de leurs enfans & famille. Et qu'il voit
leur mal implacable. &c.

Monseigneur, nons ne doutós aucunemént
de la bône affectió que portez à tous Catholiques, & vous remerciós tres-humblement
qu'il vous plaisé honorer la ville de Rheims
de vóz charitables faueurs. Mais nous vous
suppliós aussi, Monseign. permettre q̃ nous
respondiós rondemét à ce Politique effróté,
que nous ne sômes, & ne fusmes oncques ré-
belles ny a nostre mere saincte Eglise, ny à
nos superieurs. Que nous laissés les fatalitez
desastres, artifices, piseries, & forfaits à luy,
& à ceux qui luy resséblent. Que nous sômes
& auons rousiours esté nourris en la crainte
de Dieu par nos Pasteurs & Docteurs, qui ne
sçauent que c'est de piper, flater, & forfaire:
Nous sommes au reste, tous prests non seulement d'éployer nos moyés, nos vies, & tout
ce que Dieu nous a donné de plus cher en ce
mode, pour conseruer nostre sainte Religió,
defendre la liberté de nostre patrie, & maintenir sur tout la tres-chrestiéne & tres-digné
Courônne de Fráce impollue de toute heresie & tyrannie : mais aussi subir tout peril &
dáger, si tát est que nostre bô Dieu no⁹ veuil-
le tát honorer, que de souffrir pour la gloire
de son S. nom, par les mains de ceux qui souz

le masque de catholiques, sont plus ennemis
de la sainte Eglise catholique que les heretiques mesmes, occupás desia par fore só sacré
patrimoine, n'espargnás mesmes ny les corps
ny les biens des autres pauures Catholiques
iusques aux vesues & orphelins, & le tout
pource qu'ils ne se veullent laisser forcer la
conscience en aduouant vn Roy notoiremét
heretique, & publiquement excómunié par
le S. siege Apostolique, auec defence expresse à toutes personnes de luy obeyr, sur peine
d'encourir la mesme excommunication.

Ce pendant nous esperons que Dieu qui est
ialoux de son honneur & de l'hóneur de l'E-
glise son espouse, protecteur de son peuple,
cósolateur des innocés affligez, iuste végeur
des vesuts & orphelins, prendra en sa main
nostre cause, qui est la sienne, & sçaura bien
nous faire droit, & iustice de ceux qui nous
persecutent, quand il luy plaira, & plus tost
possible que les hommes ne pensent.

Voila, Monseigneur, le petit aduertissemét
duquel i'ay pensé vous estre redeuable, cóme vostre tres-húble & tres-affectionné ser-
uiteur, que ie vo⁹ supplie de rechef receuoir
d'aussi bonne part, comme de bon cœur ie le
vous presente, ne desirát rié que de vo⁹ veoir
entendre la pure verité des choses que ces
fardez Politiques par tous leurs artifices s'é-
forcét vo⁹ cacher ou desguiser, & à plusieurs
autres Princes & Seigneurs Catholiques.

F I N.